VARIÉTÉS

ESSAI

D'UNE THÉORIE GÉNÉRALE

DE LA

RENONCIATION EN DROIT CIVIL

Par M. Silvio Lessona,

Docteur en droit, Avocat à la Cour d'appel de Florence.

———

Il n'est pas facile de formuler le concept de la renonciation, les auteurs manifestant un complet désaccord sur les caractères fondamentaux de cet important *negotium*.

Nous essaierons d'y arriver en étudiant successivement les caractères généraux de la renonciation et les traits qui la distinguent des conceptions voisines.

I

Caractères généraux de la renonciation.

Ces caractères sont, à notre avis, les suivants :

1º La renonciation est abdicative et non translative ;
2º Elle s'applique aux droits futurs comme aux droits actuels;
3º Elle est unilatérale.

A. — *Caractère abdicatif de la renonciation.*

La question de savoir si la renonciation est abdicative ou translative a une importance capitale.

Si l'on attribue en effet à la renonciation un caractère translatif, elle se confond, comme nous le verrons, avec toute transmission de droits, d'où dérivent d'autres conséquences inexactes, comme la nécessité de l'acceptation du renonçant ou de la solennité de la forme pour la validité de la renonciation.

Entendu dans ses significations littérales, le mot « renonciation » exprime clairement l'abandon, le désistement ; cela est si vrai qu'on emploie communément le mot *renonciation* pour désigner l'abandon de ce qui est le plus intimement lié à l'individu et qui n'a aucune valeur en dehors de l'individu. Renonciation à un idéal, à sa foi, à la vie.

Si donc il est vrai que le mot *renonciation* est plus propre à indiquer l'abandon d'une faculté intransmissible, il est vrai également qu'il ne peut indiquer un acte par lequel on transmet quelque chose en vue d'accroître la sphère de l'action d'autrui.

Dans le champ du droit, ces conceptions trouvent leur application : en effet, pour indiquer l'acte par lequel une personne abandonne un droit pour le transmettre à autrui, nous avons le mot approprié ; on dit *aliénation :* or il faut noter que les mots *renonciatio* et *alienatio* existaient dès le droit romain, et il est probable qu'ils ne se seraient pas maintenus l'un et l'autre s'ils n'avaient pas répondu à deux conceptions complètement différentes ; l'un ou l'autre d'entre eux aurait disparu. Au contraire les deux mots se sont conservés : seulement quelquefois une confusion s'est établie entre eux. Ainsi le tribunal de l'Empire allemand (1) a dit que « la renonciation est en réalité une aliénation, si le renonçant n'a pas eu seulement en vue son propre droit, mais directement aussi la transmission de ce droit ». Cette proposition indique bien le caractère de la renonciation, dont le but est limité au droit du renonçant et qui ne peut directement viser d'autres objets. Directement, disons-nous ; car il est normal que le droit répudié profite à quelqu'un ; il suffit que le renonçant n'ait pas eu en vue cette transmission.

Du reste les auteurs, sans s'occuper directement de la question,

____

(1) Rapporté dans les *Pandectes* de Dernburg, t. I, p. 240, note 5.

sont à peu près d'accord pour dire que la véritable renonciation est abdicative (1).

(1) Fadda et Bensa, note de l'édition italienne de *Pandectes* de Windscheid, t. IV, p. 619; Cohn, dans les *Annales* de Gruchot, t. XLVII, p. 251; Vita-Levi, *Comunione*, t. III, p. 1096; Meissels, dans la *Zeitschrift* de Grünhut, t. XVIII, p. 665; Chironi, *Istituzioni*, t. I, p. 93 et *Trattato dei privilegi e delle ipoteche*, t. II, p. 625; Atzeri, *Delle rinuncie secondo il C. civ. ital.*, p. 90. — Pacifici-Mazzoni, auquel les annotateurs italiens de Windscheid (*op. cit.*, p. 854) imputent une distinction pour le moins oiseuse entre la renonciation abdicative et la renonciation translative, écrit au contraire (*Istituzioni*, t. II, p. 396-IV, édit. posthume) : « La renonciation translative n'est en substance qu'une aliénation de droits déjà acquis, ce qui paraît indiquer que, dans son esprit, le mot *renonciation* appliqué aux cas où il y a *transmission* est pour le moins impropre ». Windscheid (t. I, § 69 et les citations de la note 13) soutient que la renonciation est purement abdicative, en assimilant à l'aliénation au sens large du mot celle qui, suivant cet auteur, est la simple renonciation à un droit sans transmission à un tiers. M. Bekker (*Pandectes*, t. II, p. 250, note), tout en déclarant inexacte l'argumentation de ceux qui veulent faire de la renonciation une espèce d'aliénation, soutient, en fait, que l'aliénation *restitutiva* est comprise dans la renonciation. Mais les annotateurs italiens de Windscheid (*op. cit.*, p. 855) disent avec raison que cela est équivoque. Il y a, suivant eux, une véritable translation restitutive, quand l'abandon d'un droit réel spécial se fait directement au propriétaire, parce que la transmission du droit a lieu conformément à la volonté du titulaire et constitue ainsi une succession au sens propre. L'abandon du droit spécial et l'intégration du droit du propriétaire ne sont pas deux faits indépendants, mais sont au contraire indissolublement liés : le droit n'est abandonné que parce qu'il est avantageux pour le propriétaire. Ceci n'a pas lieu quand se manifeste simplement l'intention d'abandonner le droit réel spécial. M. Germano (*Servit.*, t. II, n° 445), tout en déclarant que, logiquement, on ne devrait pas admettre la renonciation translative en tant que la renonciation est l'abandon et que la chose abandonnée devient *res nullius*, se laisse séduire par les apparences et, comme la renonciation à la servitude est normalement à l'avantage au propriétaire du fonds servant, admet le caractère translatif de la renonciation. L'équivoque cependant est évidente, car la transmission du droit n'est pas toujours voulue, et un effet, secondaire pour celui qui accomplit l'acte, ne suffit pas à établir son caractère fondamental.

Au contraire, M. Giorgi (*Obbligazioni*, t. VI, 7ª éd., n° 151; v. aussi Laurent, t. XXIX, nˢ 92 et s.) soutient avec vigueur le caractère translatif de la renonciation; mais la confusion dont il part et les conséquences auxquelles il est conduit suffisent à faire repousser son opinion. Il admet, en effet, une analogie entre la cession et la renonciation translative de la créance et dit : « Qu'est-ce que la cession, sinon une renonciation translative de la créance? Une renonciation qui, pour être efficace, a besoin d'être accompagnée des formalités prescrites par le Code civil si elle est faite à titre de vente. Une renonciation, qui aurait besoin des formes de la donation, si elle est gratuite ».

Notons d'abord que dans cette opinion la renonciation n'est plus une

B. — *De la renonciation appliquée aux futurs.*

Le droit est futur vis-à-vis d'une personne déterminée : 1° Si, tout en existant, il n'est pas encore entré dans la sphère juridique (condition, terme); le droit est alors futur d'une manière relative(1). 2° Quand le droit n'existe pas encore, qu'il n'est qu'une expectative; il est alors futur d'une manière absolue (2). Dans le premier cas le droit — puisqu'il existe — est susceptible de renonciation. Les Codes civils français (art. 884, al. 1, 1627, 1643) et italien (1483, 1500) donnent des exemples de renonciation à garanties qui ne sont que des renonciations à droits éventuels (3).

Il y a doute dans le second cas. Meissels n'admet pas la renonciation aux droits éventuels, parce qu'on ne peut annuler que ce qui existe (4). Aubry et Rau (5), dont l'opinion est suivie par Pacifici-Mazzoni (6), décident que la renonciation est valable si elle est l'accessoire d'une convention qu'elle a pour objet d'étendre ou de restreindre, mais qu'en dehors de ces cas les simples expectatives ne peuvent faire l'objet d'une renonciation. Ils invoquent la loi 174, § 1ᵉʳ au Digeste *de R. I.*, 50-17 (*quod quis si velit habere id repudiare non potest*) et les articles 791, 1130, 1600, 2220 du Code civil.

Le premier argument repose sur une généralisation d'un texte spécial (7). Quant aux textes actuels, ils dérivent de considérations spéciales d'ordre public.

---

institution autonome, mais se confond avec la donation ou la vente suivant qu'elle est faite à titre gratuit ou à titre onéreux. D'autre part on arrive ainsi à faire rentrer tous les *negotia* dans la renonciation. Or la loi envisage la renonciation comme une institution autonome.

(1) R. Demogue, *Rev. trim.*, 1905, p. 724 et 725.

(2) Gabba, *La contrattazione sui beni futuri*, 1901, p. 5.

(3) Demogue, *Rev. trim.*, 1906, p. 306; Aubry et Rau, 5ᵉ éd., t. IV, p. 332; Fadda et Bensa, *op. cit.*, t. I, p. 856; Pacifici-Mazzoni, *op. cit.*, 4ᵉ éd., t. II, p. 396; Meissels, *Zeitschrift* de Grünhut, t. XVIII, p. 665 et t. XIX, p. 33.

(4) *Op. cit.*, t. XIX, p. 35. — *Contrà*, Waechter, *Wurtemb. Privatrecht*, t. II, p. 646, note 4; Sintenis, *Civilrecht*, t. II, p. 2 et s.; Bacher, *Jahrbüch. für Dogmatik*, t. V, p. 258 et s.

(5) 5ᵉ éd., t. IV, p. 332.

(6) T. II, p. 397.

(7) Comme le disent les annotateurs italiens de Windscheid (*op. cit.*, p. 857), il faudrait également déclarer nulles les renonciations aux droits conditionnels. Le fragment traite d'un principe tout spécial au droit romain,

L'article 791 du Code civil, reproduit par l'article 954 du Code civil italien, porte qu'on ne peut, même par contrat de mariage, renoncer à la succession d'un homme vivant, ni aliéner les droits éventuels qu'on peut avoir à cette succession. Il est dû à des considérations de morale bien connues. On peut en dire autant des articles 1130 et 1600 (1118 et 1444, C. civ. ital.), qui ont le même objet.

Quant à l'article 2220 (C. civ. italien, art. 2107), il est fondé sur le caractère d'ordre public, qui appartient à la prescription. On ne peut déroger à ses règles dans un intérêt privé. C'est seulement après l'accomplissement de la prescription que, les intérêts privés seuls restant en jeu, la renonciation est autorisée.

Il est utile d'examiner aussi l'article 1244 du Code civil, qui permet aux juges d'accorder des délais de grâce au débiteur. Mais l'opinion même, admise par certains auteurs, qui interdit la renonciation au bénéfice du terme de grâce, ne peut fournir un argument contre la faculté de renoncer aux droits futurs ; car elle s'appuie sur le caractère d'ordre public qu'elle attribue à la disposition [1].

Il y a mieux : dans certains cas où il s'agit de droits futurs, on admet la validité de la renonciation, ce qui implique l'exactitude de la solution que nous défendons.

La possibilité de la renonciation anticipée à la compensation, autrefois contestée, n'est plus discutable en Italie, à raison des termes formels de l'article 1289, n° 4 du Code civil. En France, où l'article 1293 ne contient pas de dispositions similaires, elle a encore des adversaires ; mais ils se basent uniquement sur le caractère d'ordre public qui appartient à la compensation [2].

---

relatif à l'acceptation et à la répudiation de l'hérédité et de la *bonorum possessio* (Conf. L. IV, § 18 *de adquir. vel omitt. hered,* 29. 2) ; il est en effet puisé dans le livre 8ᵉ de Paul *ad Plautium*, qui traite de la *bonorum possessio*. Aussi le droit romain valide la renonciation à la garantie pour éviction (Fr. 11, § 18 *De a. et vi*, XIX, 1), sauf le cas de dol.

(1) V. notamment, Laurent, t. XVII, n° 571.

(2) Laurent (t. XVIII, n° 456), après Toullier (t. VII, n° 393), dit que la compensation est sortie d'une grande lutte contre les usages féodaux : il était de l'intérêt des seigneurs haut justiciers de multiplier les procès en appliquant la maxime : « Une dette n'empêche pas l'autre », tandis que la maxime moderne d'après laquelle « une dette paie l'autre », est évidemment d'ordre public. — V. en sens contraire, Planiol, t. II, n° 593 ; Aubry et Rau,

Ainsi on ne peut admettre que les droits futurs, par cela seul qu'ils sont futurs, ne soient pas susceptibles de renonciation (1).

Au surplus cette solution est l'application de l'article 1130 du Code civil, d'après lequel « les choses futures peuvent être l'objet d'une obligation ». Ce qui est vrai de l'obligation ne peut pas ne pas l'être de la renonciation. « D'ailleurs, comme le dit avec raison M. Demogue (2), la renonciation à un droit n'est en somme qu'une contre-obligation : ce n'est qu'une convention extinctive de droit. Or l'article 1130, en établissant que les obligations peuvent avoir un objet futur, implique que les renonciations peuvent porter, non seulement sur un droit éventuel, mais sur un objet futur, sur une simple expectative (3).

C. — *Caractère unilatéral de la renonciation.*

Ulpien dit que : *iisdem modis res desinunt esse nostrae, quibus adquiruntur.* Cette formule montre que le droit romain ne tranchait pas la question d'une manière uniforme et faisait dépendre la solution de la nature respective des droits.

Avec le développement du droit, la renonciation unilatérale prit une importance croissante, spécialement pour les cas où il n'y avait pas une personne (par exemple la renonciation au droit du propriétaire) déterminément obligée (4).

Toutefois les auteurs (5) approuvent en grand nombre l'opinion

5ᵉ éd., t. IV, p. 394; Marcadé sur l'art. 1293, nᵒ 5; Desjardins, *Compensation*, nᵒ 131; Colmet de Santerre, t. V, nᵒ 241 *bis*-III; Demolombe, t. XXVIII, nᵒˢ 604 et 605; Huc, t. VIII, nᵒ 169.

La clause compromissoire, valable en Italie, contient également renonciation à un droit futur, celui de recourir à la juridiction ordinaire; en France elle est nulle suivant la jurisprudence, mais pour contravention à l'article 1006 du Code de procédure civile.

(1) Demogue, *loc. cit.*; Fadda et Bensa, *op. cit.*, p. 857.

(2) *Loc. cit.*

(3) Le droit allemand reconnaît la renonciation aux droits futurs. Exemple les §§ 517, 1517, 2346 : renonciation à un droit non définitivement acquis; renonciation à la participation à la substance collective de la communauté de biens continuée; renonciation à une succession non ouverte. Il est vrai que la doctrine se demande s'il s'agit là de véritables renonciations et estime que ces textes visent non pas des droits, mais « proprement des embryons de droits ». Cohn, *Annales de Gruchot*, t. XLVII, p. 257; Caspers, *Erlass und Verzicht nach den B. G. B.* (Strasbourg, 1904), p. 47.

(4) L. 1, *Dig., pro derelict.*, 4. 17 (lib. 12, *ad Edictum*).

(5) V. Bekker, *Pand.*, t. II, § 108; Sintenis, *Civilrecht*, t. II, p. 2; Wening-

de Windscheid, d'après laquelle il ne peut y avoir de règle générale sur l'efficacité de la renonciation et on doit, tout au plus, admettre que la simple déclaration de volonté ne suffit pas pour qu'il y ait renonciation unilatérale valable, et qu'il faut une acceptation de cette volonté [1].

Bacher [2] estime qu'il est inexact de prendre comme un élément constitutif de la conception de renonciation son caractère unilatéral ou synallagmatique. Cette opinion semble un peu excessive. Cette conception est au contraire essentielle pour fixer la renonciation dans ses limites propres, pour lui donner en quelque sorte une personnalité qui la distingue des institutions juridiques voisines, ainsi que nous le verrons. Il est donc très important de résoudre la question.

« La véritable renonciation, disent d'autres auteurs, doit avoir une pleine efficacité par la seule volonté du titulaire du droit ; que le droit subjectif se considère comme une faculté d'agir ou comme un intérêt protégé par la loi, il n'est pas douteux que chacun a le droit de se servir ou non de cette faculté de faire valoir ou non cet intérêt, à moins qu'une raison spéciale d'ordre public n'intervienne pour faire échec à la volonté privée » [3]. Ce principe, sous sa forme générale, n'a que peu de partisans [4].

Ingenheim, *Lehrbuch des Gemeinen Civilrechts*, § 97; Unger, *System*, t. II, § 94 ; Vangerow, *Lehrb. der Pandekten*, t. I, § 127 ; Bacher, *Revision des Verzichtsbegriffes, Jahrb. für Dogm.*, t. V, p. 228 ; Fritz, *Archiv für civil. Praxis*, t. VIII, p. 389 et s., et notes sur Wening-Ingenheim, t. II, §§ 385-391 ; Crome, § 13, p. 117 ; Gianturco, *Sisteme*, 2ᵉ éd., p. 224 ; Pacifici-Mazzoni, *Istit.*, t. II, p. 251. Ces auteurs soutiennent que la renonciation efficace peut être unilatérale ou synallagmatique suivant les cas ; mais ils répartissent ces cas de manières diverses.

(1) Windscheid, *éd. ital.*, t. I, 1ʳᵉ partie, p. 269, note 14.
(2) *Op. cit.*, p. 257.
(3) Fadda et Bensa, p. 158.
(4) Chironi, *Istituzioni*, t. I, p. 93 ; Atzeri, *op. cit.*, p. 90 ; Messels, *Zeitsch.* de Grünhut, t. XVIII, p. 605 et s., t. XIX, p. 1 et s.; Ehrlich, *Die stillschweigende Willenserklärung*, p. 230. M. Pescatore (*Filosofia et dottrine giur.*, t. I, p. 127 et 128) distingue les renonciations relatives (dépendant de l'accomplissement d'une condition, par exemple la renonciation à titre onéreux qui dépend de l'acceptation de la personne qui doit fournir la prestation correspondante, la renonciation gratuite conçue *in personam*) et les renonciations absolues (celles qui s'inspirent de considérations inhérentes à la chose même que l'on veut anéantir ou abandonner). Nous avons déjà dit qu'à notre avis ces dernières renonciations sont les seules renonciations véritables. L'auteur s'exprime ainsi à leur égard. Il est conforme à la raison que tout droit puisse se perdre, s'éteindre, s'annihiler

Nous le croyons néanmoins juste et nous nous proposons de le démontrer en examinant les divers droits au point de vue de l'efficacité de la renonciation qui y est faite unilatéralement.

Auparavant, il est utile de résumer l'idée générale que formule Meissels sur le caractère unilatéral de la renonciation [1], parce qu'elle nous servira ultérieurement. Les opinions fondamentales qui, suivant les autres auteurs, justifient l'insuffisance de la renonciation unilatérale sont les suivantes :

1° Comme il doit y avoir concordance entre les modes d'acquisition et les modes de perte des droits, et comme on ne peut créer un droit unilatéralement, on ne peut pas davantage le détruire unilatéralement [2].

2° En admettant que la volonté unilatérale puisse détruire un droit, il faut quelque chose de plus, parce que souvent cette destruction touche aux droits d'un tiers, ce qui exige son consentement [3].

3° La renonciation unilatérale n'est pas valable, parce qu'elle n'a pas la force de lier le renonçant en l'absence d'acceptation du tiers [4].

La première opinion est généralement repoussée aujourd'hui [5]. En ce qui concerne la troisième, Meissels observe qu'il est juste de dire que nul ne peut se lier et s'obliger de lui-même *(nemo eam sibi legem potest dicere ut a priore ei recedere non liceat)* ; mais que dans le cas de renonciation il s'agit seulement de voir si le renonçant peut encore user de son droit malgré la manifestation de sa volonté contraire : il ne s'agit donc pas d'un lien consistant à ne pas exercer un droit, mais de l'efficacité d'une renonciation qui consiste à ne pouvoir

---

par l'abandon volontaire qu'effectue le propriétaire qui a personnellement la libre faculté d'en disposer et cela même sans l'adhésion d'autrui, un droit purement privé ne pouvant subsister et vivre quand la volonté de le garder cesse d'une manière absolue et s'évanouit : « le droit, instrument et développement de la libre activité de l'homme, n'est autre chose que la volonté humaine elle-même, *qualiter se habens* ; il subsiste en elle et pour elle, *animo adquiritur, retinetur, amittitur* ».

(1) T. XVIII, p. 672 et 678.

(2) Fritz, *op. cit.*, p. 380-395 et notes sur Wening-Ingenheim, *loc. cit.* ; Unger, *loc. cit.*

(3) Pfaff-Hoffmann, *Excurs*, t. II, p. 1907.

(4) Wächter, *Pandekt*, t. I, p. 335 et s.

(5) Baron, *Gesammtrechtsverhältnisse*, p. 95 et s. (*Krit. Viertljährschrift*, t. XXIX, p. 309) ; Leist, *Ueber die Wechselbeziehung zu dem Rechtsbegründungs und Rechtaufhebungsacte.*

l'exercer ; car une fois qu'on a renoncé au droit et que ce droit a disparu, la possibilité de l'exercer a pris fin.

Reste la seconde théorie, qui est la plus importante. Elle se préoccupe de l'avantage attribué au tiers. Ceci peut se produire soit par l'extension de sa sphère juridique à une faculté nouvelle, soit par la libération des charges qui limitent ses droits.

Ces deux cas diffèrent profondément l'un de l'autre (par exemple le cas où on laisse perdre un usufruit *non utendo;* le cas où on renonce à la propriété).

Toutefois, de même qu'on exige l'acceptation pour les avantages provenant de la donation (par exemple de l'usufruit au nu propriétaire), on l'exigerait également pour les avantages provenant de la renonciation sans noter que dans la donation il y a l'élément moral de la reconnaissance du donataire (1).

Après cet exposé succinct de la théorie de Meissels, nous passons à l'examen des cas particuliers. Pour ce qui regarde la renonciation au droit de propriété, la validité de la renonciation unilatérale ne paraît pas douteuse : la chose devenant *res nullius* et, comme telle appartenant au premier occupant. Qui d'ailleurs accepterait cette renonciation ? Les auteurs sont unanimement de cet avis (2).

Il y a cependant un cas exceptionnel où la renonciation à la propriété peut profiter à une personne déterminée : c'est celui de la renonciation d'un copropriétaire à sa quote-part. Les auteurs ne sont pas d'accord sur le sort de la portion abandonnée, les uns décident qu'elle devient *res nullius,* les autres qu'elle accroît aux copropriétaires. Dans la première opinion, il ne peut être question d'une acceptation (3). Au contraire, l'acceptation est nécessaire dans la seconde opinion (4).

---

(1) Cette reconnaissance fait défaut dans la renonciation qui n'a pas pour but l'avantage des tiers.

(2) Bianchi, *Corso di dir. civ.,* t. IX, 1ʳᵉ part., p. 806 ; Fadda et Bensa, *op. cit.,* p. 860 ; Cohn, *op. cit.,* p. 243 ; Caspers, *op. cit.,* p. 35 ; Sintenis, *loc. cit.;* Wening-Ingenheim, *loc. cit.;* Bacher, *loc. cit.;* Fritz, *loc. cit.;* Meissels, *op. cit.,* t. XVIII, p. 678 et s.; Laurent, t. VII, n° 72.

(3) M. Gianturco dit à cet égard « l'abandon est parfait et irrévocable avant même l'acceptation de l'autre partie, et peut même être fait contrairement à la volonté de celle-ci ». *Contratti speciali* (Naples, 1906, p. 248).

(4) C'est ce qu'a très bien démontré Meissels, t. XVIII, p. 678 et s. M. Vitalevi (*Della comunione dei beni,* 3ᵉ part., nᵒˢ 809 et s.) s'occupe

En ce qui concerne les droits sur la chose d'autrui, nous rencontrons plus de difficultés pour démontrer le caractère unilatéral de la renonciation.

avec détails de la question et arrive à une conclusion opposée à celle de Meissels. Il estime que la copropriété « réduit l'expression des droits respectifs de chaque coparticipant à une part idéale, qui est l'effet de la limitation du droit en conséquence du droit de l'autre », et conclut logiquement qu'il n'y a aucun motif juridique pour que la part abandonnée accroisse aux parts des autres copropriétaires. Donc cette part devient *res nullius* : à ce titre les copropriétaires peuvent l'occuper comme toutes autres personnes et y réussiront plus facilement que celles-ci; mais il n'y a pas lieu à accroissement. V. dans le même sens, Basevi, *Comment. du C. civ. autrichien*, sur le § 829; Winiwatter, *Id.*, sur le § 829; Mattei, *Id.*, sur le § 829; Stubenrauch, *Id.*, sur le § 829, n. 2; Göppert, *Das Miteigenthum*, p. 49; Delvincourt, t. II, p. 339; Dalloz, *Rép.*, v° *Dispos. entre vifs*, n°ˢ 43 et s.; Eck, *Doppelseitige Klagen*, p. 92.

On peut ajouter, que d'après la théorie la plus répandue, la copropriété se divise en parties intellectuelles dont chaque communiste est propriétaire. Toutefois cette théorie ne nous paraît pas exacte. M. Luzzatti, dans son remarquable travail sur la *Copropriété en droit italien* (Turin, 1908), la combat avec vigueur et y substitue la théorie de la collectivité, qui nous parait meilleure : « L'exercice d'un droit, dit-il, exige l'existence et le développement de facultés humaines : l'activité et la volonté. Dans le droit individuel dominent les facultés d'une personne physique ; en revanche dans ces rapports les facultés des personnes physiques s'unifient ; vis-à-vis de ces rapports juridiques, nous avons une seule volonté et une seule activité ; les facultés de chacun en elles-mêmes sont nulles, elles doivent nécessairement se combiner avec d'autres pour qu'il en sorte un tout. Quand donc on parle de division intellectuelle, cette locution, étrange et incompréhensible, doit être remplacée par celle-ci : les individus concourent à la formation du sujet collectif dans lequel le droit réside ».

Il n'est pas illogique de conclure de là que si le sujet du droit est une collectivité vis-à-vis de laquelle la volonté de chacun apparait comme la partie vis-à-vis du tout, l'abandon de la part d'un copropriétaire laisse invariable le droit de la collectivité et que seuls les individus qui la forment deviennent propriétaires pour une part plus forte que par le passé. En faveur de l'accroissement, outre Meissels, on peut citer Windscheid, t. I, § 169, note 5; Ihering, dans *Iahrbuch für Dogmatik*, t. X, p. 263; Rümling, *Theilung von Rechten*, p. 96 et s.; Schéverl, *Krit. Vierteljahrschrift*, t. XXVI, p. 529; Germano, *Servitù*, t. V, n° 421.

Donc, en suivant la théorie d'après laquelle la copropriété est un concours de parties idéales bien définies et précisées, il parait logique de nier l'accroissement; mais, il en est autrement dans la théorie de la collectivité.

L'article 676 du Code civil italien sanctionne — du moins dans un cas — l'accroissement, en disant que « chacun des copropriétaires peut obliger les autres à contribuer avec lui aux dépenses nécessaires pour la conservation de la chose commune, sauf la faculté accordée à ceux-ci de se libérer par l'abandon de leurs droits de copropriété ».

Dans le cas de renonciation aux servitudes la nécessité de l'acceptation est généralement reconnue [1].

Les arguments fondamentaux de ces auteurs se réduisent à deux :

1° Il serait étrange et illogique d'exiger moins pour l'extinction d'un droit que pour sa création ;

2° Si l'on se réfère à la théorie générale d'après laquelle on ne peut renoncer unilatéralement, la conséquence de la renonciation, qui est l'avantage d'un tiers, nécessite l'acceptation.

Le premier argument est inexact. Il y a évidemment une grande différence entre la constitution et l'extinction d'un droit : dans le premier cas des obligations sont assumées comme corollaire du droit; dans le second cas la sphère juridique du renonçant est seule touchée, ou, si un tiers est avantagé, il ne contracte aucune obligation, de sorte que l'acte est unilatéral [2].

Le second argument est vivement attaqué par Meissels [3]; il essaye de démontrer l'absurdité qu'il y a à dire que l'acceptation non seulement du propriétaire, mais de tous les bénéficiaires de la renonciation est exigée. Cela n'est pas un point nécessaire ; car s'il s'agit de servitudes réelles, l'avantage va au fonds et il suffirait, par conséquent, de l'acceptation du propriétaire qui représente le fonds [4]. Il semblerait plus exact de dire que l'avantage du tiers est secondaire, d'abord parce qu'il n'est pas envisagé par le renonçant (sinon il y aurait donation), ensuite parce que la renonciation à servitude prédiale profite directement au fonds et que le tiers n'est avantagé que dans la mesure où il détient le fonds.

---

(1) Windscheid, t. 1, § 215; Sintenis, *Civilreoht*, t. II, p. 2 et s.; Wening-Ingenheim, *op. cit.*, § 97; Fritz, *Archiv für civilistische Praxis*, t. VIII, p. 389 et s.

Ce dernier auteur fait une distinction et observe que dans le cas de servitude personnelle, il ne peut s'agir d'une véritable renonciation, parce qu'aux droits correspondent des obligations de la part du *dominus*. Il n'est pas difficile de répondre que ces obligations sont tout à fait secondaires et sont dominées complètement par la nature réelle du droit lui-même. Bacher, *Iahrb. für Dogmatik*, t. V, p. 236 et s.; Savigny, IV, p. 623 et suiv.; Fadda et Bensa, *op. cit.*, p. 865.

(2) Bacher, *op. cit.*, p. 236 et s. Comme le dit Laurent (t. VII, n° 72), il importe peu que les droits réels aient leur origine dans un contrat : la propriété s'acquiert par la vente, ce qui n'empêche pas que l'acheteur exerce un droit direct sur la chose.

(3) *Op. cit.*, t. XVIII, p. 689 et s.

(4) Fadda et Bensa, *op. cit.*, p. 862.

D'autre part, il serait absurde de contraindre l'ayant droit à conserver un bénéfice plus préjudiciable à ses intérêts que la renonciation. Si l'on répond que le titulaire de la servitude est obligé non de l'exercer, mais de la conserver, elle peut s'éteindre par la prescription, qui produira les mêmes effets que la renonciation unilatérale, étant donné qu'il n'est pas possible de forcer le propriétaire du fonds dominant *manu militari* à exercer sa servitude.

Proudhon [1], se basant sur le principe *beneficia invito non inferuntur*, soutient qu'on ne peut unilatéralement renoncer à une servitude. L'argument est sans valeur : car sans observer qu'il conduirait logiquement à soutenir, peut-être avec plus de force encore, que le propriétaire ne peut être obligé à jouir d'un droit contre sa volonté, il y a lieu de répondre que la libération d'un fonds n'est que le retour à l'ordre naturel des choses [2]. Au reste le Code civil français admet indirectement (art. 621) la renonciation comme un mode d'extinction de la servitude [3].

Aussi la validité de la renonciation unilatérale aux servitudes, tant personnelles que réelles, est-elle admise par des jurisconsultes éminents [4].

En ce qui concerne la renonciation au droit d'hypothèque, il est généralement reconnu qu'en droit romain elle devait être acceptée [5].

---

(1) *Tr. de l'usufruit*, t. IV, n° 2220.

(2) Pacifici-Mazzoni, *op. cit.*, t. III, p. 157.

(3) Les Codes civils allemand (§§ 875 et 1064) et espagnol (art. 513, n° 4, et 546, n° 5) l'admettent directement. Le premier exige que la renonciation soit formulée à l'Office des livres fonciers ou vis-à-vis du propriétaire ou des constituants. V. Caspers, *op. cit.*, p. 35 et 36. Le Code civil italien ne fait pas allusion à la renonciation comme mode d'extinction de la servitude. Cependant la renonciation unilatérale y est incontestablement valable. Arg. art. 1314, al. 1, 2 et 3 combinés. V. en ce sens, Fadda et Bensa, *op. cit.*, p. 861 et s.

(4) Aubry et Rau, 5ᵉ éd., t. II, p. 729 (pour ces auteurs la renonciation n'est un mode spécial d'extinction de l'usufruit que quand elle résulte d'un acte unilatéral); Laurent, t. VII, n° 72 et t. VIII, n° 336; Planiol, t. I, n⁰ˢ 2846 et s.; t. II, n° 3400; Fadda et Bensa, *op. cit.*, t. I, p. 863 et s.; Chironi, *op. cit.*, t. I, § 182, p. 279; Pacifici-Mazzoni, *op. cit.*, t. III, p. 156, et s., p. 333, n° 163 et *Cod. civ. it. comment.*, t. I, n° 676, p. 615; t. III, n° 253, p. 427 et s.; Germano, *Servitù*, t. II, n° 442; Vangerow, *Lehrbuch der Pandekten*, t. I, § 127; Bacher, *op. cit.*, p. 236 et s.; Meissels, *op. cit.*, t. XVIII, p. 689 et s.; Caspers, *op. cit.*, p. 37; Cohn, *op. cit.*, p. 255; Ehrlich, *Die stillschveigende Willenserklärung*, p. 230.

(5) Windscheid, *op. cit.*, § 248, note 2; Meissels, t. XIX, p. 10 et s.;

En droit français (C. civ., art. 2180 ; V. de même C. civ. italien,
art. 2029), la renonciation est mentionnée comme un mode
d'extinction de l'hypothèque. Aussi la validité de la renonciation unilatérale y est-elle reconnue par un grand nombre d'auteurs [1]. D'autres sont d'avis contraire[2]; mais ils partent d'une
base erronée. Ou, disent-ils, la renonciation est faite moyennant
une contre-prestation et elle est alors un acte synallagmatique et
doit être acceptée ; ou elle est faite à titre de donation et en ce cas
encore elle doit être acceptée. Il est clair que ce raisonnement
confond la renonciation avec des institutions voisines : la renonciation à titre onéreux n'est pas plus une renonciation que tout
autre contrat à titre onéreux, la vente par exemple, dont on
pourrait dire également qu'elle consiste dans la renonciation
à la propriété moyennant une somme. La renonciation sans
contre-prestation n'est pas une donation, puisqu'il lui manque
l'un des caractères essentiels de la donation, à savoir l'*animus
donandi*; on ne renonce pas pour transférer un droit, mais
pour l'abdiquer.

Toutefois, dans les droits allemand et autrichien il faut tenir
compte de l'organisation de l'hypothèque, qui, dans ces pays, peut
être constituée par le propriétaire à son profit personnel et cédée
ensuite à ses créanciers [3]. Il serait excessif d'admettre que
la volonté du créancier suffit à éteindre un droit qui peut être
exercé par le propriétaire de l'immeuble. Aussi la renonciation
unilatérale n'a-t-elle pas d'autre effet que de faire acquérir

Vangerow, *loc. cit.;* Wening-Ingenheim, *loc. cit.* ; Fritz, *loc. cit.* Cep.
Bacher (*op. cit.*, p. 240), s'appuyant sur la logique, et sur ce que l'hypothèque est un droit réel, prétend que la renonciation pouvait être unilatérale.

(1) Aubry et Rau, 5ᵉ éd., t. III, § 292, p. 816; Troplong, *Priv. et hypot.*,
nᵒ 868; Laurent, t. XXXI, nᵒ 372; Mirabelli, *Delle ipoteche*, p. 248; Fadda
et Bensa, *op. cit.*, p. 870; Pacifici-Mazzoni, *Istit.*, t. VI, nᵒ 227; Gianturco, *Sistema*, p. 225; Melucci, *Il sistema ipotecario*, p. 448 et s. ; Bianchi,
Delle ipoteche, t. II, nᵒ 720; Pescatore, *Filosofia e dir.*, t. I, p. 127 ; Chironi, *Trattato*, t. I, p. 625 et t. II, p. 605.

(2) Baudry-Lacantinerie et de Loynes, *Priv. et hypoth.*, t. III, nᵒˢ 2259
et s.; Zachariæ-Crome, t. II, § 262, p. 171; F. Bianchi, *Pegno commerciale*,
p. 124, nᵒ 66; Chiesi, *Il sistema ipotecario*, t. V, nᵒ 1152. MM. Baudry-
Lacantinerie et de Loynes se contredisent en disant que si la renonciation
a pour but unique l'extinction du privilège ou de l'hypothèque elle n'est
pas une convention et est dispensée du consentement du débiteur.

(3) V. Fadda et Bensa, *loc. cit.;* Meissels, *op. cit.*, t. XIX, p. 10 et s. ;
Caspers, *op. cit.*, p. 37 et 38; Cohn, *op. cit.*, p. 256.

l'hypothèque au débiteur (C. civ. allemand, § 1168); le créancier perd son droit; mais l'hypothèque n'est pas détruite; elle se transmet au débiteur. De là il faut conclure que pour mettre fin d'une manière absolue à l'hypothèque, l'acceptation du débiteur est nécessaire; c'est en ce sens que s'exprime le Code civil allemand.

On n'en doit pas moins reconnaître qu'en droit allemand et autrichien la renonciation est unilatérale, puisque la renonciation tend non pas à détruire le droit, mais à dépouiller le titulaire, et que ce dernier est dépouillé par la renonciation; aussi la doctrine allemande n'exige-t-elle pas, pour le dépouillement du créancier, l'acceptation du débiteur (1). Pour le gage, d'ailleurs, le § 1255 du Code allemand admet expressément l'efficacité de la renonciation unilatérale (2).

Pour terminer sur les droits réels grevant la chose d'autrui, nous devons parler de l'emphytéose (3). La validité de la renonciation unilatérale est niée par beaucoup de romanistes (4); elle est reconnue cependant par plusieurs autres (5). Les premiers disent que, le propriétaire ayant le droit de faire supprimer l'emphytéose si l'emphytéote ne remplit pas ses obligations, il importe nécessairement que l'emphytéote ne puisse abandonner le fonds contre la volonté du propriétaire. Ils ajoutent que, si l'emphytéose est un droit réel, les obligations de l'emphytéote sont trop importantes pour permettre la cessation unilatérale du lien entre le propriétaire et lui (6).

Mais, tout d'abord, on ne voit pas pourquoi l'emphytéote serait lié au fonds tant qu'il plairait au propriétaire, et cela est d'autant plus vrai que la renonciation profite à ce dernier, surtout quand (ce qui est le cas habituel) le canon ne représente qu'en partie les profits dont le propriétaire est dépouillé.

---

(1) Caspers, *op. cit.*, p. 35.

(2) Caspers, *loc. cit.*; Cohn, *op. cit.*, p. 255.

(3) La question est très vaste; nous ne l'exposerons que dans ses grandes lignes.

(4) Windscheid, § 821 et les autorités citées note 3; Sintenis, *op. cit.*, t. II, p. 2 et s.; Fritz, *op. cit.*, t. VIII, p. 394; Serafini, *Istituzioni*, 6ª éd., t. I, p. 395, note 22; Simoncelli, dans la *Legge*, 1889, t. I, p. 499 et s. (dans le cas seulement où l'emphytéose a été créée par contrat).

(5) Dernburg, *Droits réels*, p. 406, note 25; Segré, notes dans l'édition italienne de Glück, *Pandectes*, XVI, p. 582 et les nombreuses autorités citées; Bacher, *op. cit.*, p. 253; Meissels, *op. cit.*, t. XVIII, p. 689 et s.

(6) L. 3, Cod., *De fundis priv.*, XX, 65; L. 5, Cod., IV, 4, 10.

D'autre part, s'il est vrai que l'emphytéote a des obligations, et que ces obligations ne peuvent être qualifiées de secondaires, ces obligations ont un caractère essentiellement réel; elles n'existent que tant que la chose existe elle-même (1); il est logique que l'abandon du fonds fasse cesser les obligations de nature réelle.

En outre, l'emphytéote ayant la faculté de disposer de son droit, on ne comprendrait pas qu'il ne pût pas y renoncer, la renonciation étant moins préjudiciable au propriétaire que la disposition, en ce qu'elle le fait rentrer en possession.

Enfin il est juste qu'un droit perpétuel puisse être abdiqué par la seule volonté du titulaire, parce qu'il ne lui est pas toujours possible de trouver un acquéreur ou un donataire.

Ces arguments peuvent être reproduits en droit moderne (2). Il faut ajouter qu'on n'admet plus aujourd'hui comme dans le droit romain, qui limitait l'aliénation, que l'emphytéote soit lié indissolublement au fonds. Il serait illogique que la renonciation fût interdite alors que l'aliénation est libre.

En ce qui concerne le droit de superficie, il faut noter que ses caractères ne sont plus ceux du droit romain (3). La superficie n'est plus un droit réel sur la chose d'autrui, mais une propriété. Par suite, le superficiaire peut toujours renoncer à sa propriété, sans aucune acceptation. On ne saurait objecter que, dans la renonciation à la propriété, on ne trouve personne en face du renonçant, alors que le superficiaire a vis-à-vis de lui le propriétaire du sol, qui est évidemment avantagé par sa renonciation,

---

(1) V. Cod., *de jure. emphyt.*, 4, 66, d'après laquelle l'anéantissement total de la chose libère l'emphytéote du canon.

(2) En droit français, on a toujours admis le déguerpissement. Merlin, *Rép.*, v° *Déguerpissement*, p. 163; Planiol, t. II, n° 188. V. dans le même sens pour le droit italien, Fadda et Bensa, *op. cit.*, p. 868; Cogliolo, *Archiv. giur.*, t. XXXIX, fasc. 5-6. — *Contrà*, Pacifici-Mazzoni, *Cod. civ.*, t. XIII, p. 836; De Pirro, *L'enfiteusi*, p. 450. — M. Chironi, *Ist.*, t. I, § 202, n° 2, se contente de mentionner la renonciation parmi les modes d'extinction de l'emphytéose, sans se prononcer sur la question.

Le problème est d'ailleurs plus théorique que pratique.

(3) C'est ce qu'établit M. Coviello, *Arch. giur.*, t. XLIX, p. 3-4. En droit romain, dit-il, la superficie était un simple *jus in re aliena*. Aujourd'hui elle n'est autre chose que la propriété de la surface; l'union de la surface au sous-sol comme au-dessus du sol est nécessaire en pratique parce que la propriété du sol serait inutile si la propriété du sol ne s'étendait pas à ces deux autres éléments. Mais, en droit, ces propriétés peuvent être séparées. — V. aussi Lucci, *Arch. giur.*, t. LII, p. 526.

car de même que la renonciation unilatérale à la copropriété doit être admise si l'on admet l'accroissement au profit du copropriétaire, de même et par analogie il faut admettre la renonciation unilatérale à la superficie.

Il y a plus de difficultés pour la renonciation unilatérale à la créance. Ces difficultés proviennent, suivant nous, de ce qu'on n'a pas encore nettement distingué la remise de dette de la renonciation [1]. Tout le monde sent cette distinction; mais personne n'a songé à la prendre comme base de l'examen de la question posée [2].

Pothier [3], combattant l'opinion de Barbeyrac, qui, dans ses notes sur Puffendorf, avait soutenu la validité d'une remise unilatérale de dette, convient avec lui que le créancier qui, en supposant un cas métaphysique, aurait la volonté absolue d'abdiquer son droit de créance, peut l'éteindre par sa seule volonté, mais il ajoute que le créancier qui déclare faire remise de la dette à son débiteur n'a pas cette volonté absolue, et entend plutôt faire une donation au débiteur.

Ce passage contient une distinction évidente, bien qu'elle ne soit pas expressément formulée, entre deux institutions différentes. La renonciation en faveur du débiteur est une donation. Le cas que Pothier appelle métaphysique contient une véritable renonciation.

Ce cas prétendûment métaphysique peut très facilement devenir réel [4]. Ainsi on renoncera à une créance pour ne pas

(1) V. Chironi, *Istit.*, p. 93.

(2) En droit romain, un rapport obligatoire ne pouvait se dissoudre que par la convention, sous les trois formes *d'acceptilatio*, de *mutuus dissensus* et de pacte *de non petendo*. Ces trois formes ne constituaient pas une renonciation dans le sens que nous avons indiqué à propos de la propriété et des droits réels, c'est-à-dire d'une aliénation du droit : en effet l'*acceptilatio* est une déclaration, non par laquelle on renonce au droit, mais par laquelle, en raison d'un paiement, on reconnaît n'avoir plus le droit ; le *mutuus dissensus* dissout le rapport juridique et par suite la disparition du droit en est une conséquence et non le contenu; enfin le pacte *de non petendo* n'éteint pas le droit, mais interdit de l'exercer. On voit donc que la renonciation en cette matière n'était pas connue des Romains. Par suite, comme le disent MM. Fadda et Bensa (*op. cit.*, p. 854), les romanistes modernes posent une question oiseuse; on se demande à quelle institution romaine correspond la moderne remise de dette. V. aussi sur ce point, Windscheid, II, §§ 357; Meissels, *op. cit.*, t. XVIII, p. 701 et s.; Ehrlich, *op. cit.*, p. 230.

(3) *Tr. des obligations*, n° 578.

(4) V. les exemples cités par Ferrini et Crescenzio, dans l'*Enciclop. giur.*

payer la taxe sur cette créance, si le débiteur est insolvable, ou pour éviter les dépenses de recouvrement, qui sont considérables pour une petite créance.

Les auteurs modernes commettent donc une erreur et confondent la renonciation avec la remise de dette, en absorbant la première dans la seconde, quand ils proclament le caractère synallagmatique de la renonciation par le motif qu'elle constitue une donation (1).

Ainsi il y a renonciation si le créancier veut, d'une manière absolue, se dégager de la créance, et remise de dette quand il renonce à sa créance pour procurer un profit au débiteur. La renonciation est donc unilatérale et la remise de dette synallagmatique (2). La renonciation ne profite au débiteur que, par un effet secondaire et parce qu'il ne peut y avoir de dette sans débiteur, de créance sans créancier.

Du reste, comme nous l'avons vu, s'il est vrai qu'en vertu du principe *beneficia invito non inferuntur*, on ne peut remettre une dette sans le consentement du débiteur, le créancier néanmoins n'est pas tenu de conserver sa créance malgré lui, puisqu'il lui est permis d'arriver au même résultat en ne l'exerçant pas; d'autre part, le débiteur qui ne veut pas recevoir davantage peut faire des offres réelles au créancier.

En somme, comme le créancier ne peut être forcé d'accepter son paiement, il serait inutile de subordonner la renonciation à l'adhésion du débiteur, puisque le créancier trouvera dans une abstention prolongée le moyen d'obtenir le résultat qu'il cherche. La renonciation peut donc être unilatérale (3).

---

it., n° 493, p. 839, et par Fadda et Bensa, p. 875. MM. Ferrini et Crescenzio disent qu'alors il y a renonciation absolue.

(1) V., outre Pothier, Larombière, *Théorie et pratique des obligations*, art. 1285, n° 6; Laurent, t. XVIII, n°ˢ 335 et s.; Duranton, t. XII, p. 160 et s.; Planiol, t. II, n° 605; Baudry-Lacantinerie et Barde, *Des oblig.*, t. III, n° 1767; Giorgi, *Oblig.*, t. VII, n° 307; Lomonaco, *Oblig.*, t. II, n° 139; Pochintestat, *Dir. delle oblig.*, p. 351 et s.; Crespolani, *Remissione di debito*, dans l'*Enciol. giur.*, p. 453.

(2) V. à cet égard § 397, C. civ. allemand; art. 1187, C. civ. espagnol. V. aussi art. 1287, C. civ. français et art. 1282, C. civ. italien, qui déclarent que la remise accordée au débiteur principal libère les cautions, montrant ainsi que la remise de dette est un contrat.

(3) V. en ce sens, Fadda et Bensa, *op. cit.*, p. 872; Barassi, *La notificazione necessaria*, p. 281; Chironi, *Tratt.*, t. II, p. 605 et *Colpa contrattuale*, p. 708 et 709; Borsari, sur l'article 1280, § 3243; Messels, *op. cit.*, t. XIX, p. 1 et 2. L'objection d'après laquelle on ne peut dissoudre unila-

Dans le droit prussien, l'acceptation était exigée, sauf dans le cas de renonciation formulée devant l'autorité judiciaire [1]; de même le Code civil allemand exige un contrat pour supprimer l'obligation : « Pour créer, porte le § 305, une obligation au moyen d'une opération juridique, comme pour en modifier le contenu, un contrat est nécessaire entre les intéressés, sauf disposition contraire de la loi » [2]. Au sein de la commission, on proposa d'admettre la renonciation unilatérale, de même que le Code permet de renoncer unilatéralement à un droit sur la chose d'autrui (§§ 875, 876, 1064, 1065). Mais on craignit que cette disposition ne fût interprétée abusivement comme autorisant la donation par acte unilatéral; c'est pourquoi la proposition fut rejetée.

En droit anglais, la renonciation ne peut avoir lieu que dans la forme où le lien juridique a pris naissance; les contrats revêtus d'un sceau *(under seal)* ne peuvent faire l'objet d'une remise que par un contrat revêtu du même sceau; les autres contrats *(simple contracts)* peuvent faire l'objet d'une remise verbale [3].

En France et en Italie, on ne peut douter de la validité de la renonciation unilatérale à une succession, les textes se contentant d'une déclaration au greffe (C. civ. français, art. 784; C. civ. italien, art. 949) [4].

Au contraire, le Code civil allemand (§§ 2346 et s.) exige un

téralement ce qui a été créé par contrat est sans valeur; car, comme nous l'avons montré, cette proposition se rattache à une théorie qui n'existe plus.

(1) Dernburg, *Preuss. privatrecht*, § 285; Fadda et Bensa, *op. cit.*, p. 872; Ehrlich, *op. cit.*, p. 231.

(2) V. sur ce point Caspers, *op. cit.*, p. 40 et s.; Cohn, *op. cit.*, p. 261 et s.

(3) Lehr, *Eléments de droit civil anglais*, 2ᵉ édit., t. II, p. 181; De Franciscis, *Le leggi inglesi ordinate e spiegate*, t. IV, p. 81.

(4) V. pour le droit italien, Fadda et Bensa, *op. cit.*, p. 880; pour le droit français, Baudry-Lacantinerie et Wahl, *Des successions*, 3ᵉ éd., t. II, nᵒˢ 1598 et s.

On lit cependant dans un arrêt de la Cour de Gênes du 28 avr. 1898 (*Temi genovese*, 1898, p. 276) : « L'abdication d'un droit lucratif *nullo jure cogente*, notamment la renonciation à un acte d'institution d'héritier sans contre-prestation, implique une véritable donation et par suite doit être formellement acceptée par celui au profit duquel elle est faite pour que la libéralité produise ses conséquences légales ». Sans parler du caractère discutable de cette affirmation que la renonciation en pareil cas est une donation, cet arrêt ajoute une condition, l'acceptation, à la condition unique, — la déclaration, — exigée par la loi.

contrat; mais, étant donné le système par lequel ce Code règle les successions, les auteurs doutent qu'il s'agisse là d'une véritable renonciation (1).

De même, dans le petit nombre des cas où l'on peut renoncer aux droits de famille et à l'état, la renonciation peut être unilatérale (2).

Dans la mesure où l'on peut renoncer à l'action en nullité d'une opération juridique, la renonciation peut être également unilatérale. La renonciation s'effectue sous forme d'une ratification, laquelle a sa base dans la volonté unilatérale du ratifiant. On justifie généralement cette solution en disant que l'acceptation de la partie à laquelle la ratification profite est réputée avoir eu lieu dès le jour du contrat (3). Cette explication, comme on l'a fait remarquer, est dangereuse, car elle ne permet pas de déclarer la ratification unilatérale par son essence même et indépendamment de toute intention de cette partie.

La vraie justification est la suivante : la ratification, ayant pour objet de rendre valable le contrat en renonçant à l'action en nullité, doit être unilatérale comme l'est le droit de demander la nullité (4).

Il en est de même de la renonciation unilatérale aux exceptions, ce qui était contesté en droit romain (5). La loi en offre plusieurs exemples : renonciation à la compensation, au bénéfice de discussion, au bénéfice de division, à la prescription.

Pour terminer l'étude de la validité des renonciations unilatérales, il faut dire un mot d'une catégorie de renonciations qui concerne des droits spéciaux. Meissels s'en est occupé longuement (6).

Il se demande si l'on peut parler de renonciation, dans le cas où la renonciation a pour conséquence de modifier des obligations en les aggravant. A cet égard, il faut faire une distinction;

---

(1) V. Caspers, *op. cit.*, p. 47; Cohn, *op. cit.*, p. 257.

(2) La loi, en reconnaissant, dans certaines hypothèses, la validité de l'autorisation maritale générale (C. civ., art. 223; C. civ. italien, art. 134), permet ainsi au mari de renoncer au droit de donner son autorisation dans chaque cas. Elle permet aussi au citoyen, dans certains cas, de renoncer à la nationalité (C. civ., art. 8, 12, 17, 18; C. civ. italien, art. 11).

(3) Barassi, *Teoria della ratifica del contratto annulabile*, n° 115.

(4) Barassi, *loc. cit.* V. aussi Fadda et Bensa, *op. cit.*, p. 883 ; Bertolini, *La ratifica degli atti giuridici*, t. II, p. 25 et s.

(5) V. Meissels, *op. cit.*, t. XIX, p. 80.

(6) *Op. cit.*, t. XIX, p. 59 et s.

car l'extension des obligations peut se concevoir de deux manières : en créant de nouvelles obligations, ou en faisant tomber les droits qui limitent les obligations de manière à les rendre pleines comme elles l'étaient primitivement (1).

Cette distinction, claire en théorie, n'est pas facile à appliquer en pratique (2). Néanmoins, dans le premier cas, on ne peut parler de renonciation, puisque de nouveaux liens sont créés, et que par suite la renonciation passe au second plan. Au contraire, c'est, dans le second cas, la renonciation qui est la plus importante, puisque son effet se borne à donner aux liens juridiques existant une plénitude qu'ils n'avaient pas jusqu'alors.

En somme la renonciation unilatérale, entendue comme un acte de volonté ayant un but purement abdicatif, a, en toute hypothèse, une pleine efficacité.

Reste à examiner si la renonciation suppose, en dehors de la déclaration de volonté, l'abandon matériel, dans les cas, bien entendu, où cet abandon est possible.

Cette question se limite aux droits réels, l'abandon matériel de la possession n'étant possible que pour eux.

A notre avis la volonté de renoncer ne suffit pas pour faire sortir le droit du patrimoine du renonçant et pour permettre la mise en possession d'autrui, de même que, réciproquement, le seul abandon ne fait pas présumer la volonté de renoncer.

La renonciation, en effet, se compose de deux éléments distincts : l'*animus derelinquendi* et l'abandon matériel de la chose (3).

La volonté d'abandonner la chose, non accompagnée de l'abandon matériel, crée une antithèse entre la volonté et l'état de fait et ne permet pas de supposer la renonciation (4). Un auteur (5) soutient au contraire qu'en maintenant la chose dans la condition où elle était au moment où on voulait l'avoir, il

(1) Bekker, t. II, § 128, t. I, § 28. Cet auteur ne considère que le second cas et appelle droits négatifs les droits qui limitent des droits positifs.

(2) La difficulté a été signalée par les annotateurs italiens de Windscheid, *op. cit.*, p. 812, qui donnent des exemples : décharge d'une condition opposée à une obligation, renonciation au terme.

(3) M. Atzeri (*op. cit.*, p. 1) dit à tort que la renonciation prend en certains cas le nom d'abandon : l'abandon n'est qu'un des éléments de la renonciation.

(4) Czyhlarz, liv. XLI, p. 94; Meissels, *op. cit.*, t. XVIII, p. 680; Fadda et Bensa, *op. cit.*, p. 860.

(5) Perozzi, sur Czyhlarz, *loc. cit.*, note *e*.

suffira de la volonté pour donner lieu à l'abandon ; il cite l'exemple d'un maître qui, sachant avoir un objet enfermé dans une cassette sans savoir où elle se trouve, la donne à un domestique ; le serviteur qui trouve l'objet dans la cassette l'acquiert par voie d'occupation. Cette opinion est justement combattue [1] : il s'agit là non d'un abandon, mais d'une donation ; à un tel point qu'un tiers qui, connaissant la déclaration du propriétaire, s'emparerait de l'objet, commettrait un vol. Si, au contraire, l'objet était sans maître, il deviendrait la propriété du premier occupant. L'abandon matériel est donc nécessaire pour la renonciation ; cela est d'autant plus juste que l'intention d'abandonner ne peut être connue des tiers que par des actes matériels. En cas d'abandon, l'intention de renoncer se manifestera par la situation où se trouvera la chose, sa qualité, etc. [2].

Il serait erroné de tirer de là la conséquence générale que l'abandon matériel peut suppléer à la volonté de renoncer. Cela arrive souvent [3]. Mais, en principe, l'intention se distingue de l'abandon : car l'exercice d'un attribut quelconque de la propriété doit être regardé comme purement facultatif et le fait de ne pas l'utiliser pendant un temps quelconque ne suffit pas à le faire perdre. En outre il y a des cas où l'abandon est imposé par une force majeure et, par conséquent, ne saurait impliquer renonciation : tel est le jet d'objets en mer pour sauver le navire et la cargaison ; les objets jetés n'appartiennent pas à celui qui les trouve.

<h2 style="text-align:center">II</h2>

<h3 style="text-align:center">Différences entre la renonciation
et les institutions voisines.</h3>

Il est important de distinguer la renonciation de l'aliénation, de l'aveu, de la donation, de la prescription, de la remise de dette, de la résignation d'un bénéfice, de la transaction.

1° *Aliénation*. — L'aliénation, au sens strict du mot, consiste à transférer un objet d'un patrimoine à un autre ; dans un sens plus large, on peut considérer tout abandon de droit comme une aliénation, alors même que le droit abandonné n'est pas trans-

---

(1) Fadda et Bensa, *op. cit.*, p. 860.

(2) Czyhlarz, *op. cit.*, p. 92 et 93.

(3) Par exemple en cas d'abandon de journaux dans un wagon de chemin de fer, Czyhlarz, *loc. cit.* — Dans ce cas, il faut également tenir compte de la faible valeur des objets abandonnés.

féré à un tiers ; mais, à proprement parler, il n'y a pas, dans ce dernier cas, aliénation (1). Par suite, la renonciation n'est pas une aliénation (2).

2° *Aveu.* — Comme on a quelquefois attribué à la renonciation le caractère d'un aveu (3), et que d'autres identifient l'aveu avec le désistement d'action (4), il n'est pas inutile de dire un mot de la nature juridique de l'aveu.

Certains auteurs voient dans l'aveu l'union de deux éléments : l'élément logique, par lequel il est besoin de donner grande confiance à des faits admis contre soi-même, et l'élément conventionnel, par lequel le défendeur, en renonçant à toute exception, forme avec le demandeur une vérité convention-nelle (5). D'autres regardent l'aveu comme une preuve (6), ce qui est contesté par divers jurisconsultes (7), et certains prétendent que l'aveu, loin d'être une preuve, fournit les moyens de rendre la preuve inutile (8).

Suivant Planck, l'aveu consisterait à ne pas vouloir contester la prétention de l'adversaire et serait donc une renonciation. Nous n'acceptons pas cette opinion, qui envisage un seul des buts possi-bles de l'aveu pour en faire la base juridique de l'institution. Celui qui avoue ne se détermine pas toujours par la volonté de ne pas mettre obstacle à la prétention de l'adversaire ; plus souvent il veut rendre hommage à la vérité et aime mieux avouer que perdre son procès à la suite d'une défense mal fondée. Du reste, la recherche de l'intention ne peut conduire ici qu'à des résultats incertains (9).

(1) Windscheid, *loc. cit.*

(2) Fadda et Bensa, *op. cit.*, p. 847 ; Chironi, *Istit.*, t. I, n° 93.

(3) Planck, *Lehrb. des deutsch. Civilprozesses*, t. I, p. 216.

(4) Pescatore, *Sposizione compendiosita*, t. I, n° 65 ; Mattirolo, *Dir. giud.*, 5ᵉ éd., t. II, n° 716.

(5) Pescatore, *La logica del diritto*, Turin, 1883, p. 113 et s. ; Mattirolo, *loc. cit.*

(6) Pratobevera, *Materialien*, t. III, p. 56 et 72 ; Nippel, *Erlaüterungen*, t. I, p. 275 ; Lessona, *Teoria delle prove*, t. I, 2ᵉ éd., n° 879 ; Baudry-Lacantinerie et Barde, *Tr. des oblig.*, 3ᵉ éd., t. IV, n° 270.

(7) Simoncelli, *Legge*, 1903, p. 595, note III ; Diana, *La confessione*, p. 43 ; Giorgi, *op. cit.*, t. 1, 5ᵉ éd., n° 399 ; Messina, *Confessione*, p. 12.

(8) Bethmann-Hollweg, *Versuche*, p. 311.

(9) V. Mancini, *De conf. Romae*, 1611, t. II, n° 9, p. 38 ; Paul, *Der Vergleich im Civilprozess*, p. 6.

Lessona, *op. cit.*, t. I, 2ᵉ éd., n° 373, sans adopter la théorie de Planck, dit qu'en avouant on reconnaît un fait « avec l'intention de fournir à son propre

L'aveu, c'est la reconnaissance d'un fait nuisible à celui qui avoue : on ne peut y chercher autre chose. Aussi la théorie de Planck a-t-elle de nombreux adversaires (1). L'aveu doit être distingué de la renonciation : purement positif, il consiste dans la constatation d'un fait, tandis que la renonciation consiste dans l'abdication d'un droit.

3° *Donation*. — La donation, comme toute libéralité, emporte diminution du patrimoine du donateur, et, comme but poursuivi par le donateur, accroissement du patrimoine du donataire. D'où résultent les caractères suivants : 1° elle fait passer un droit d'une personne à une autre ; 2° elle comporte de la part du donataire un élément de gratitude, par suite duquel l'acceptation est requise ; 3° son élément essentiel est l'intention de procurer un enrichissement à autrui.

préjudice, un aveu à l'adversaire ». Ceci ne nous paraît pas juste : s'il est licite que le défendeur avantage son adversaire qui se trouve déjà dans une situation favorable, l'aveu est permis alors même qu'indirectement il est avantageux à son auteur.

(1) V. Hegler, *Beiträge zur Lehre vom prozessualen Anerkenntniss und Verzicht*, 1903, p. 181 et s. M. Chiovenda (*Principi*, p. 45), tout en donnant au désistement d'action un caractère discutable, reconnaît qu'il n'a rien de commun avec l'aveu. MM. Fadda et Bensa (*op. cit.*, p. 844) disent que l'aveu ne se confond pas avec la renonciation parce que le demandeur peut, sans reconnaître ses torts, renoncer à l'action. M. Diana (*op. cit.*, p. 70 et s. V. aussi Trutter, *Uber prozess. Rechtsgesch.*, p. 379 et 391), observe qu'on ne peut considérer l'aveu comme une renonciation, parce qu'il a pour objet le droit de contester la prétention de l'adversaire, et par conséquent non pas un droit aliénable, mais une partie visible de la capacité d'agir de la personne humaine. A quoi renoncerait-on ? Au droit de mentir ? non. Ce droit n'étant pas reconnu. Du reste, l'aveu accomplit un acte positif, alors que la renonciation se borne à être abdicative. Et, finalement, quand on emploie l'aveu pour dissimuler une donation ou une aliénation, il n'y a pas renonciation, mais disposition déguisée d'un droit. M. Messina (*Contributo alla teoria della confessione*, p. 10 et s.) accueille en partie la théorie de M. Diana et ajoute que pour viser les renonciations à la base de la nature juridique de l'aveu il faut ne relever que sa fonction négative, en négligeant la fonction positive, qui est plus importante ; il rejette donc la théorie de Planck. Laurent (t. XX, n° 168, *in fine*) n'admet pas que dans son essence l'aveu implique une renonciation et donne comme exemple l'aveu d'avoir reçu un paiement ; cet aveu n'est pas une renonciation à la créance, puisqu'il consiste à reconnaître que cette créance a été régulièrement éteinte. MM. Baudry-Lacantinerie et Barde (*loc. cit.*) distinguent l'aveu de la renonciation conventionnelle, en exigeant pour la seconde une acceptation qui n'est pas nécessaire pour la première. A notre avis, il ne peut être question de renonciation conventionnelle, puisque, comme nous l'avons montré, la renonciation est essentiellement unilatérale.

Il est facile de voir en quoi la donation se distingue de la renonciation, qui est purement abdicative et n'a pas comme but la transmission du droit, qui ne vise pas l'enrichissement d'autrui et par suite n'exige pas l'acceptation du bénéficiaire, ce dernier ne devant aucune reconnaissance au renonçant, lequel peut uniquement éteindre son droit (1). Cependant certains auteurs confondent la renonciation avec une donation ; d'abord parce qu'on n'est pas d'accord sur les caractères fondamentaux de la renonciation, ensuite parce que souvent la renonciation a les mêmes effets que la donation, ce qui n'autorise cependant pas la confusion, ces effets étant mé diats au lieu d'être immédiats (2). Certains auteurs disent que la renonciation à un droit prend les caractères de la donation quand le renonçant se prive d'une valeur active dans le seul but d'avantager autrui (3). Cela est exact, mais parce qu'alors la prétendue renonciation est une donation et n'a rien d'abdicatif. Dire qu'il y a là une renonciation est aussi vicieux que de prétendre qu'une donation a les effets d'une vente quand le donataire doit payer le prix de la chose.

La même critique peut être adressée à un auteur qui dit (4) que « la donation peut servir à la simple répudiation d'un droit non encore acquis ». Car ou la renonciation est faite pour avantager une personne déterminée, et il y a donation, ou le renonçant veut répudier simplement pour répudier et il y a renonciation ; les deux institutions ne se trouvent jamais réunies (5).

4° *Prescription*. — On considère quelquefois la prescription comme reposant sur une présomption de renonciation du propriétaire (6). Ce fondement, destiné à montrer que la prescription n'est pas en contradiction avec la maxime : *tempus non*

---

(1) Meissels, *op. cit.*, t. XVIII, p. 675.

(2) Germano, *Servitu*, t. II, n° 441.

(3) Planiol, t. III, n° 1546 ; Laurent, t. XII, n° 346.

(4) Ascoli, *Donazioni*, p. 13.

(5) Certains arrêts ont cru rencontrer les caractères de la donation dans la renonciation soit à l'hypothèque, soit à la succession, par le motif qu'elle consiste à abandonner des droits lucratifs au profit d'un tiers. Gênes, 28 avr. 1899, *Tem. Genovese*, 1899, p. 276 ; Cass. Turin, 18 oct. 1906, *Mon. trib.*, 1907, p. 747. Cela est exact si cet enrichissement est voulu par le renonçant. Mais comment présumer l'intention de donner en présence d'une simple déclaration de renonciation ? La recherche de l'intention est toujours difficile.

(6) Troplong, *Tr. de la prescription*, n°° 1 et s.

est modus constituendi vel dissolvendi juris, est inexacte. D'abord cette dernière formule veut dire simplement que le temps n'est pas un mode habituel de constitution ou de dissolution des droits. D'autre part, toute règle subit des exceptions dans les matières qui, comme la nôtre, ne se basent pas sur des vérités absolues, déterminées par des causes inéluctables (1). La loi elle-même, en rangeant la prescription parmi les modes d'acquérir (C. civ., art. 712 et 2219), repousse le fondement tiré de la renonciation. Enfin, si ce fondement était exact, on ne voit pas pourquoi le détenteur précaire ne pourrait pas prescrire, car il serait permis de supposer que dans ce cas encore, le propriétaire a renoncé à sa propriété.

Le vrai fondement de la prescription est que le temps est une force à laquelle aucun esprit humain ne peut se soustraire et qui transforme le fait en droit. Il serait injuste de sacrifier un état actif à un droit que son titulaire n'utilise pas. Le propriétaire qui n'exerce pas son droit cause un préjudice à la société, dont l'intérêt est que la propriété soit ordonnée et réglée afin d'éviter les procès et les difficultés de preuve.

Le fondement tiré de la renonciation étant exclu, il est facile de montrer en quoi la prescription diffère de la renonciation. La prescription fait perdre la propriété malgré la volonté contraire du propriétaire, alors que cette volonté est un élément essentiel de la renonciation (2).

5° *Remise de dette.* — Nous avons examiné plus haut les

(1) On a voulu trouver la justification du fondement que nous refusons d'admettre dans l'article 1352, al. 2 du Code civil, d'après lequel : « nulle preuve n'est admise contre la présomption de la loi, lorsque, sur le fondement de cette présomption, elle annule certains actes ou dénie l'action en justice ». La loi, dit-on, n'admet pas la preuve contre la prescription ; la prescription est donc une présomption *juris et de jure* de renonciation. La réponse est que s'il résulte de l'article 1352 que la prescription est une présomption, rien ne permet de dire qu'elle soit une présomption de renonciation ; elle peut être une présomption d'acquisition antérieure. Aussi l'opinion de Troplong est-elle condamnée. V. Laurent, t. XXXII, p. 12 et s.; Baudry-Lacantinerie et Tissier, *De la prescription*, 3ᵉ éd., n°ˢ 27 et s.; Pugliese, *Prescrizione acquisitiva*, § 19; Fadda et Bensa, *op. cit.*, t. I, p. 1073; Filomusi-Guelfi, *Encicl. Giur.*, 5ᵉ éd., § 69 et spécialement, n° 1, p. 309.

(2) Tous les auteurs sont d'accord sur ce point. V. Caspers, *op. cit.*, p. 12; Meissels, *op. cit.*, t. VIII, p. 665 et s.; Bacher, *op. cit.*, p. 260. — On a invoqué aussi la renonciation comme fondement de la péremption. Mortara, *Comment. del Cod. di proc.*, t. III, n° 698; Mattirolo, *Dir. giud.*, 5ᵉ édit., t. III, n° 1030. Mais c'est un tort. Chiovenda, *Principi*, p. 565.

rapports entre la remise de dette et la renonciation. Rappelons que la remise de dette exige l'acceptation du débiteur et par conséquent diffère de la renonciation.

La quittance ne peut pas davantage être confondue avec la renonciation. Envisageons deux hypothèses : 1° la quittance est fausse, c'est-à-dire a été délivrée sans paiement; elle dissimule alors une remise de dette; 2° la quittance est sincère; elle constitue alors non pas l'extinction du droit, mais la conséquence de cette extinction (1).

Dans le legs de libération fait au débiteur, il y a quelque analogie avec la renonciation. Il en diffère cependant, puisqu'il l'adresse à une personne déterminée, ce qui est inconciliable avec le caractère abdicatif de la renonciation. Le legs de libération est une forme de la remise de dette (2).

6° *Résignation d'un bénéfice.* — Telle qu'elle résulte des travaux de canonistes (3), la résignation a beaucoup d'affinité avec la renonciation. C'est en effet la privation spontanée d'un droit. Toutefois elle exige le consentement de l'autorité ecclésiastique et à cet égard diffère de la généralité des renonciations. On peut cependant l'assimiler aux renonciations qui, à raison de l'incapacité du renonçant (mineurs, femmes mariées, interdit, etc.), exigent le consentement d'un organe de protection.

7° *Transaction.* — La transaction suppose essentiellement une réciprocité de sacrifices. Tout le monde est d'accord sur ce point, bien que l'article 2044 du Code civil français, dont les termes sont d'ailleurs universellement critiqués, n'y fasse aucune allusion (4). Les caractères de la transaction sont par suite les suivants : 1° c'est une convention; 2° elle emporte

---

(1) Caspers, *op. cit.*, p. 12, *in fine*.

(2) Pacifici-Mazzoni, *Cod. civ. it. comment.*, t. XI, p. 349 et s.; Vitali, *Successioni*, t. II, p. 571.

(3) Strickii, *Dissertationes*, t. VII, p. 1014 et s.

(4) Argum., *Instit.*, liv. IV, ch. x; Duranton, t. XVIII, n°ᵈ 391 et s.; Laurent, t. XXVIII, n°ˢ 303 et s.; Colmet de Santerre, t. VIII, n° 277 *bis;* Guillouard, *Transaction*, n°ˢ 61 et s.; Troplong, *Ibid.*, n° 4; Aubry et Rau, t. IV, 4ᵉ édit., § 418, note 1; Planiol, t. II, n° 2185; Baudry-Lacantinerie et Wahl, *Des contr. aléat. du mandat*, etc., 3ᵉ édit., n° 1205; Paul, *Der Vergleich im Civilprozess*, p. 53; Örtmann, *Vergleich*, p. 67; Wolff, *Der Prozess Vergleich*, dans *Archiv für civ. Praxis*, t. LXXXVIII, p. 163; Bertolini, *Della transazione*, p. 67 et s. — *Contrà*, Domat, *Lois civiles*, lib. I, tit. 13, sér. I, n° 2 et Hesse, *Über das Wesen und die Arten der Verträgen des heut. röm. Rechts*, Jena, 1888.

renonciation à une prétention au profit d'un tiers; 3° cette renonciation a lieu moyennant un sacrifice fait par le tiers. La transaction est donc synallagmatique, alors que la renonciation est unilatérale, abdicative et faite, par suite, sans contre-prestation.

III

Définition générale de la renonciation.

Les développements qui précèdent permettent de donner la définition générale suivante de la renonciation.

C'est une manifestation unilatérale de volonté accompagnée ou suivie, en matière de droits réels, d'un abandon matériel et dont le but est d'éteindre, sans le transmettre à un tiers, un droit actuel appartenant ou devant appartenir ultérieurement au renonçant, ou d'empêcher ce droit de naître.

S. Lessona.

www.ingramcontent.com/pod-product-compliance
Ingram Content Group UK Ltd.
Pitfield, Milton Keynes, MK11 3LW, UK
UKHW020131080726
13614UKWH00005B/2173